U0491002

图书在版编目（CIP）数据

悬壶济世：李时珍 / 鲤跃编著；文刀荔绘．
哈尔滨：黑龙江少年儿童出版社，2025. 2. --（跃龙门
）. -- ISBN 978-7-5319-8868-7

Ⅰ. K826.2-49

中国国家版本馆CIP数据核字第20245VE446号

跃龙门　　悬壶济世 李时珍
YUE LONGMEN　XUANHUJISHI LI SHIZHEN

鲤跃 编著　文刀荔 绘

出 版 人	薛方闻
项目统筹	李　昶
责任编辑	杨　柳
总 策 划	宋玉山　黎　雨
创意策划	王子昂　王智鹏
文字统筹	王正义
插画团队	阿　助　文刀荔　张　文　乖小兽
美术统筹	AyaBird
排版设计	杨晓康
书法创作	王正义
出　　品	鲤跃文化
出　　版	黑龙江少年儿童出版社
地　　址	哈尔滨市南岗区宣庆小区8号楼
邮　　编	150090
电　　话	0451-82314647
网　　址	www.lsbook.com.cn
印　　装	三河市少明印务有限公司
发　　行	全国新华书店
开　　本	787 mm×1092 mm　1/16
印　　张	4.25
字　　数	89千
版　　次	2025年2月第1版
印　　次	2025年2月第1次印刷
书　　号	ISBN 978-7-5319-8868-7
定　　价	48.00元

【版权所有，请勿翻印、转载】

序言

　　昔有小鲤名锦，志在龙门，欲化龙飞。云之巅，有祖龙名瑞，守中华千载时光之河，刻风流人物于河畔峭壁之上，以龙鳞点睛，时光不尽，传承不息。然华夏大地英杰辈出，鳞尽而史未绝。锦鲤受命，寻史访古，以续龙鳞，瑞龙则守壁期盼，待故事归来。

　　今有绘本《跃龙门》四十八卷，随锦鲤之行，绘先人之姿。卷卷所载，或千古文风，或百技之长，或武卫疆土，或谋定安邦，皆以锦鲤之察，耀历史之辉。然长空瀚海，云谲波诡；斯人往事，众说纷纭。虽有莫衷一是，绝无异想天开。愿以此书，引诸位小友逆流而上，同游史海，领略古人风采，铭记历史之重，终随锦鲤，一跃成龙！

——鲤跃

画家寄语

本人单名一个荔，中学时体育老师点名总唤我"zhi"，长大后仍然会偶尔有人这么叫我的名字，叫多了我也就默认了，荔枝就荔枝吧，我还是很喜欢吃这种水果的。创作本书时，很好奇《本草纲目》中是如何提及"我"的，结果发现说得还真准！来来来，瞧瞧这些功效"通神，益智，健气"，是不是想尝尝了？为了让大伙儿印象更深刻，荔枝特意在本书中藏了游戏环节，一起来探索吧！

游戏规则

游戏规则非常简单，在前五章的每个章节首页设置有五个游戏关卡，在规定的时间内根据"李时珍"提出的要求完成任务即可，难度逐级递增。谜底将在第六章首页揭晓，别提前偷看哟。

*游戏中出现的元素均来自《本草纲目》，感谢李时珍赞助本游戏。

目录

1. 世家传承 … 2
2. 天纵之才 … 8
3. 醉心医术 … 20
4. 悬壶济世 … 26
5. 游历书成 … 40
6. 本草纲目 … 54

开始

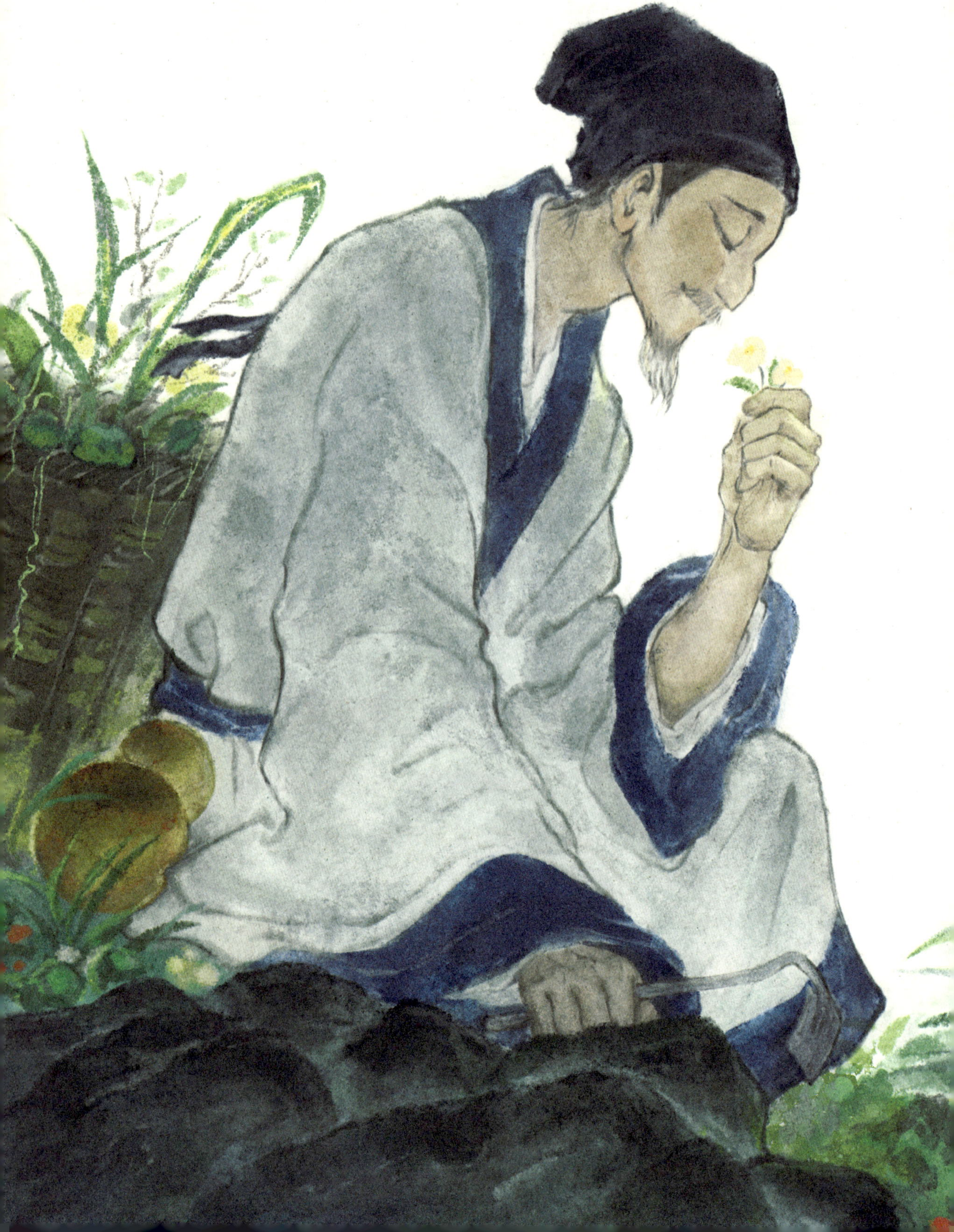

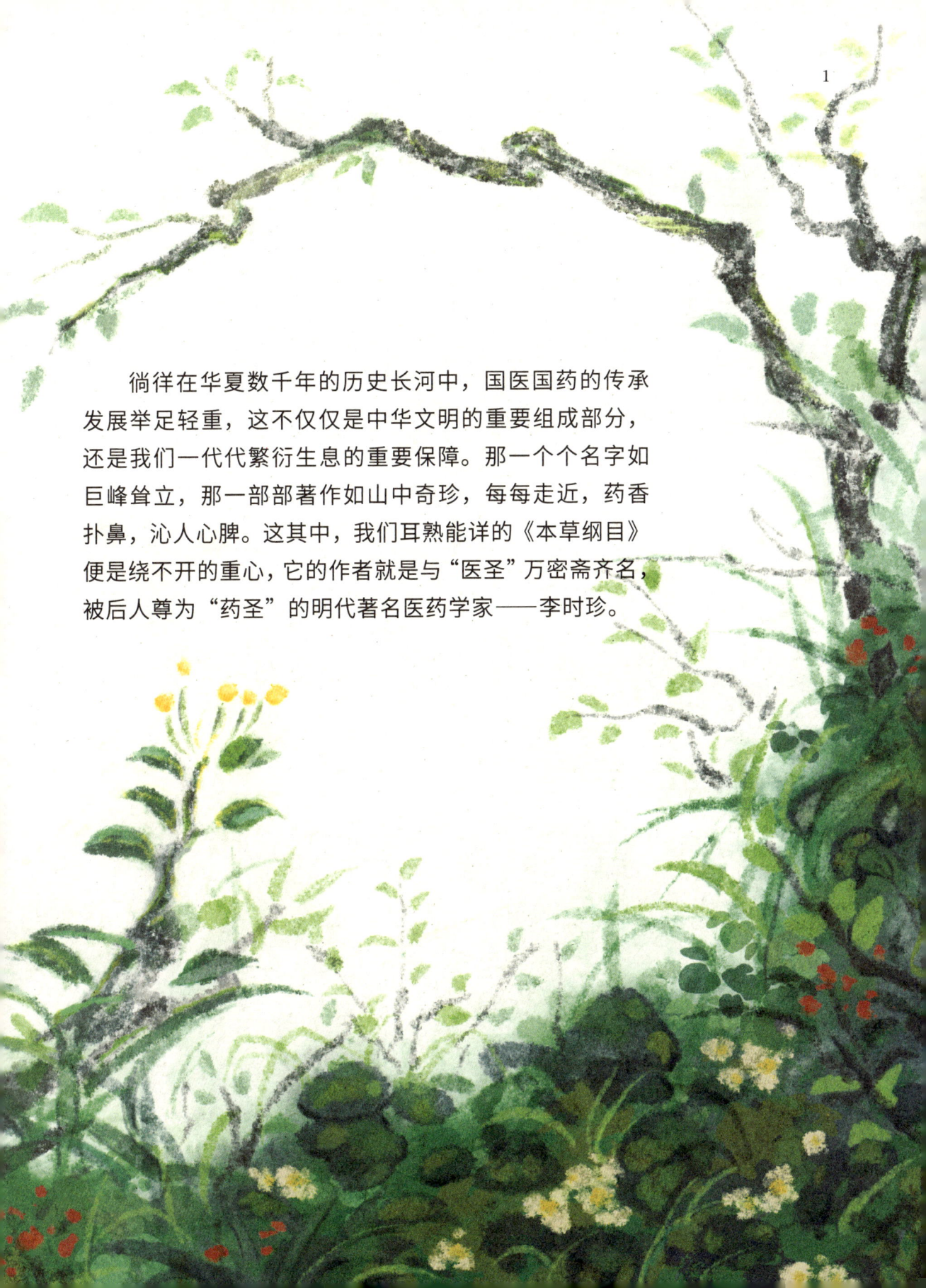

徜徉在华夏数千年的历史长河中，国医国药的传承发展举足轻重，这不仅仅是中华文明的重要组成部分，还是我们一代代繁衍生息的重要保障。那一个个名字如巨峰耸立，那一部部著作如山中奇珍，每每走近，药香扑鼻，沁人心脾。这其中，我们耳熟能详的《本草纲目》便是绕不开的重心，它的作者就是与"医圣"万密斋齐名，被后人尊为"药圣"的明代著名医药学家——李时珍。

世家传承

请在1分钟内圈出1对相同的图案

明武宗正德十三年（公元1518年），在湖广黄州府蕲州镇（现在湖北省蕲春县）东长街，一个男孩呱呱坠地，家人为其取名李时珍。他的祖父李晓山是当地小有名气的"铃医"。他的父亲李言闻继承父业，曾在太医院担任吏目。

儿时的李时珍每天闻着满园药香，与各种药材为伴，耳濡目染，与中医结下了不解之缘。

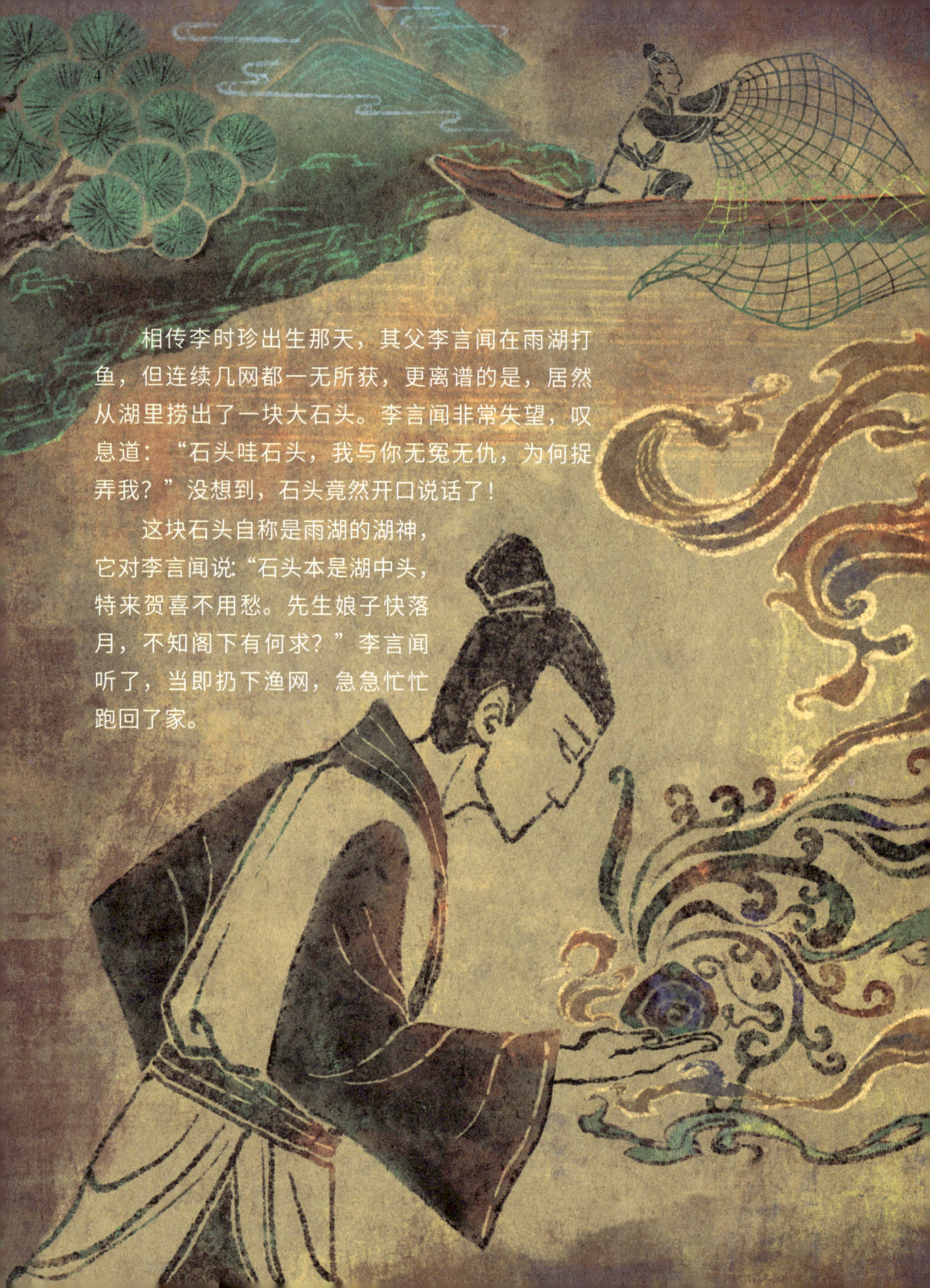

相传李时珍出生那天，其父李言闻在雨湖打鱼，但连续几网都一无所获，更离谱的是，居然从湖里捞出了一块大石头。李言闻非常失望，叹息道："石头哇石头，我与你无冤无仇，为何捉弄我？"没想到，石头竟然开口说话了！

这块石头自称是雨湖的湖神，它对李言闻说："石头本是湖中头，特来贺喜不用愁。先生娘子快落月，不知阁下有何求？"李言闻听了，当即扔下渔网，急急忙忙跑回了家。

李言闻进屋时正好赶上孩子出生，于是给孩子起名叫"石珍"。后来感觉过于直白，又改成了"时珍"。虽说这是个传说，足见后人对他的敬仰之情有多深。

聪颖好学的小李时珍，每天看父亲开药方，认识了好多字。初进学堂时，私塾先生看他如此聪慧，便想考考他。

先生看了一眼树木环抱的远山，出了上联："远声隔林静。"

李时珍遥望学堂外的朝霞明媚，过客匆匆，脱口而出："明霞对客飞。"先生惊讶极了，夸他以后必成大器。

据说，擅长对对子的李时珍还成就了一段"三副奇对促良缘"的佳话。

有位药铺老板，为了女儿的终身大事，以药名作上联，寻觅佳婿。一位姓马的公子，为人忠厚，倾慕小姐许久，于是便上门求李时珍帮忙。第一副上联为"玉叶金花一条根"，李时珍听闻，脱口便对："冬虫夏草九重皮"。

药铺老板听了马公子的下联又出一上联："水莲花半枝莲见花照水莲"，限一日对上。马公子只得再次登门，李时珍当即对出："珍珠母一粒珠玉碗捧珍珠"。药铺老板看后非常高兴，随即再出一联："白头翁牵牛耕熟地"，限半日对出。马公子无奈三次登门，李时珍稍假思索对出下联："天仙子相思配红娘"。药铺老板对马公子的对子十分满意，当即答应了婚事。

天纵之才

请在2分钟内圈出2对相同的图案

午后放学，李时珍都会与哥哥一起跟父亲学医，寒来暑往，从不懈怠。尽管李言闻医术远近闻名，但因当地百姓生活贫苦，加上他收费不高，李家并不富裕，甚至没有属于自己的药铺。李言闻只能以道观"玄妙观"当诊堂，一面行医，一面督促儿子们读书，两个孩子偶尔也会帮忙抄写一下药方，为父亲分忧。

每天与药材、药方接触，小李时珍对医学的兴趣越来越浓，他经常偷偷地放下手头的四书五经，翻阅父亲珍藏的医书，读得津津有味。当时的医术药物书籍，比如《尔雅》中的《释草》《释木》《释鸟》《释兽》等篇，他都能倒背如流。

李时珍经常观察父亲给病人号脉抓药,积累了不少行医心得。一天,李言闻带着长子李果珍出诊,玄妙观中只剩下李时珍一人。

这时,来了两位病人,一位眼睛红肿,一位腹泻不止。李时珍思索了一下,告诉他们,父亲要到晚上才能回来,他可以先给开个方子试试,两位病人因身体非常难受,就同意了。李时珍于是凭着自己学到的知识为病人开方取药。

第二天，李言闻回到家中，看到李时珍所开的药方，心一下子提到了嗓子眼儿，急忙询问病人当时的情况。李时珍便将整个过程详细说了一遍。

李言闻一边听，一边不住地点头称赞。直到这时他才知道，小儿子读了不少医书，甚至能在问诊过程中灵活运用，对症下药。李果珍听着弟弟侃侃而谈，还受到父亲的夸赞，心里十分羡慕。于是暗下决心，一定要让父亲知道他也不比弟弟差。

没过几天，又有两位病人来就诊，恰好也是眼痛和腹泻。独自在家的李果珍一看，和弟弟说起的那两个病人的状况一样，便不假思索地依照弟弟的方子给病人开了药。

令他没想到的是，第二天一大早，两位病人前后脚找上门来，说服药后不但没好，反而病情加重了，让李言闻看看是怎么回事。面对父亲的质问，李果珍不敢隐瞒，将前一天给病人看病开药的经过告诉了父亲。

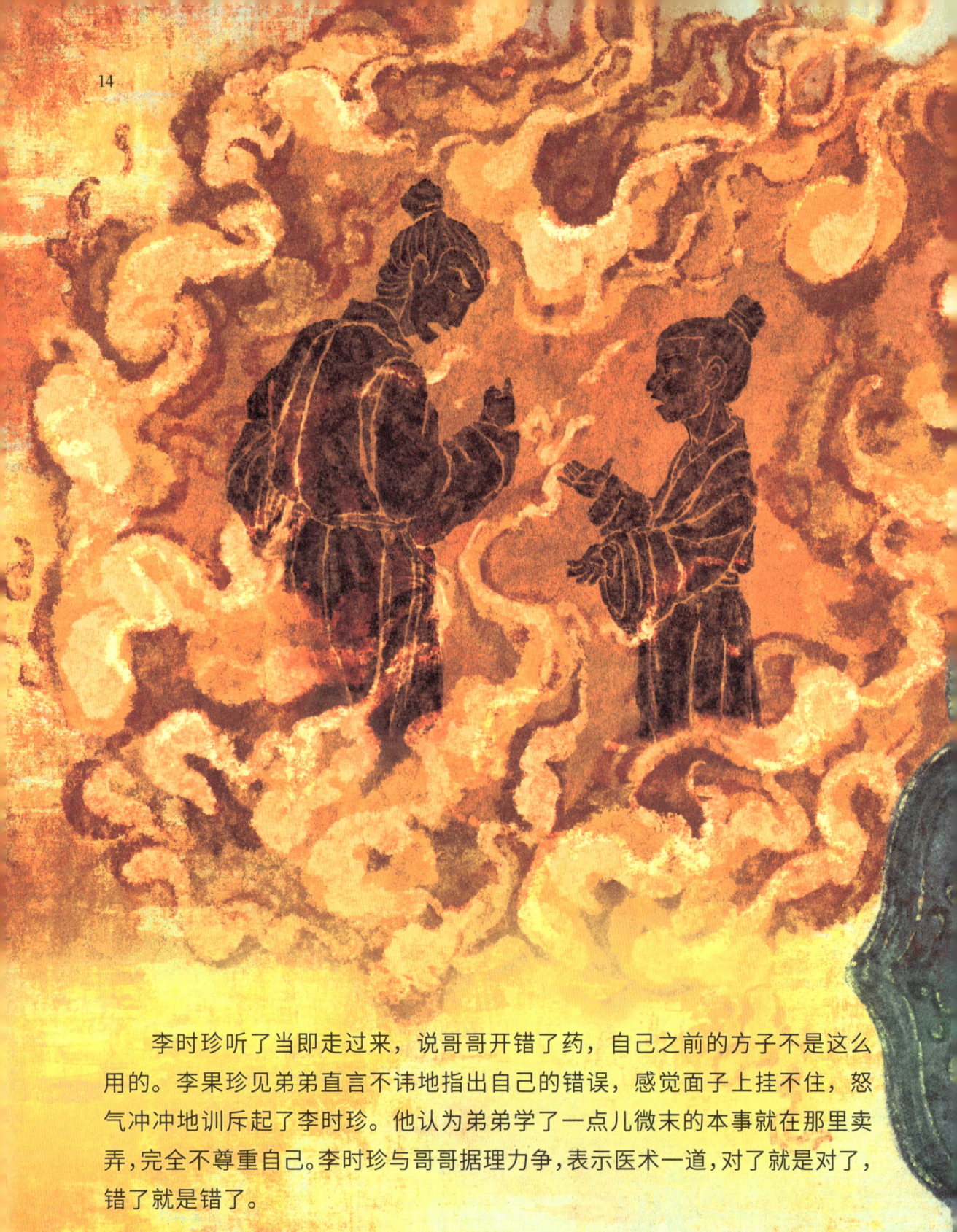

李时珍听了当即走过来，说哥哥开错了药，自己之前的方子不是这么用的。李果珍见弟弟直言不讳地指出自己的错误，感觉面子上挂不住，怒气冲冲地训斥起了李时珍。他认为弟弟学了一点儿微末的本事就在那里卖弄，完全不尊重自己。李时珍与哥哥据理力争，表示医术一道，对了就是对了，错了就是错了。

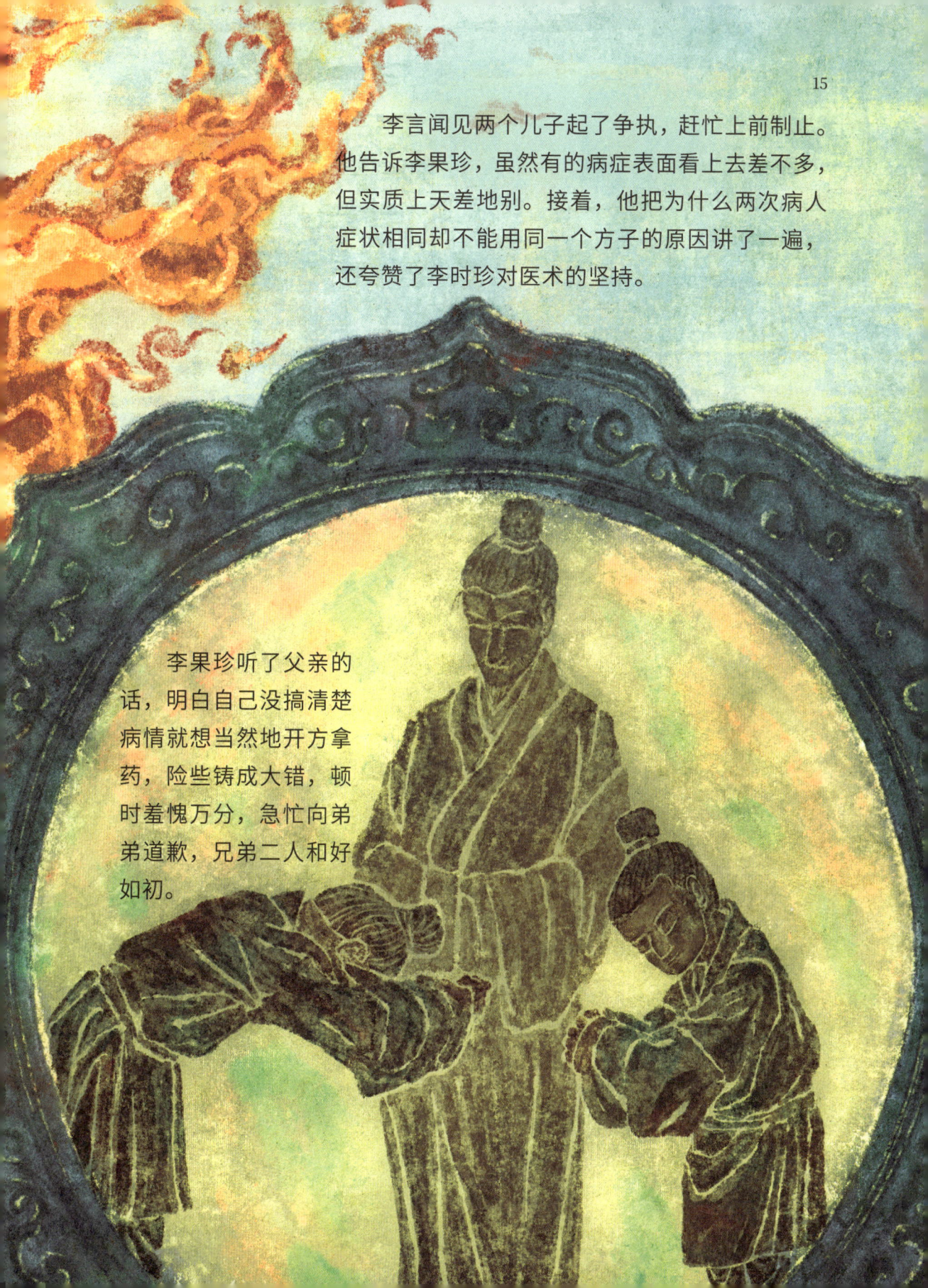

李言闻见两个儿子起了争执，赶忙上前制止。他告诉李果珍，虽然有的病症表面看上去差不多，但实质上天差地别。接着，他把为什么两次病人症状相同却不能用同一个方子的原因讲了一遍，还夸赞了李时珍对医术的坚持。

李果珍听了父亲的话，明白自己没搞清楚病情就想当然地开方拿药，险些铸成大错，顿时羞愧万分，急忙向弟弟道歉，兄弟二人和好如初。

尽管李时珍在医药方面已经表现出了极高的天赋,但在当时,民间医生地位低下,收入微薄。他的父亲李言闻不想让他继承衣钵,更希望李时珍参加科举考试,入仕为官。

李时珍十四岁那年,参加了黄州府的乡试,与其他学子一样,走上了自己的入仕之路。没想到,他一举中第,成为秀才。李言闻开心极了,他仿佛看到了儿子光明的未来,继续走下去,别说"举人",甚至是"进士"也不在话下!

但李时珍不这么想,他从小伴着医书和药材长大,四时不休抄录药方,没黑没白地钻研行医之术。看遍了人世间病痛之苦的李时珍,一心只想治病救人,自然对科举考试的八股文章没有兴趣。失去了入仕动力的李时珍虽然按照父亲的要求先后三次参加会试,但都没有取得优异成绩。

李言闻见儿子坚持行医的态度如此坚定，无奈地放弃了让他继续参加科举考试的想法。没有了压力的李时珍终于可以专心钻研医术啦！

3 醉心医术

请在5分钟内圈出3对相同的图案

没了科举考试的压力，李时珍彻底放飞了自我，他终于可以光明正大地学习医术了，不用再像以前那样看本医书要藏着掖着的。李言闻充分尊重李时珍的选择，不仅将毕生积累的医术经验倾囊相授，还经常带着李时珍出诊采药，给了他很多实习的机会。

李时珍二十岁那年,蕲州发生了一场严重的水患,周围村落都遭了灾。洪水过后,瘟疫开始蔓延,医术小成的他,积极医治染疫百姓。

一天,李时珍正在玄妙观诊病,突然一群人吵嚷着,拉着一名郎中涌进门来。为首的一人愤愤地告诉李时珍,他爹吃了这个郎中开的药后,病痛越来越严重,这个郎中硬说药方没问题。大家想请李时珍看看,药方到底有没有毛病。

李时珍拿起药方仔细看过之后,告诉大家:古医书上把漏篮子和天南星两种药混为一谈,实际上它们的药性差别很大,所以这件事也怪不到郎中。

不久之后，有一位郎中为一名患有癫狂症的人开药，用了一味名为防葵的药材，病人服药后中毒身亡。还有一个身体虚弱的人，吃了郎中开的一味叫黄精的补药，也莫名其妙失去了性命。

这两件事在县城闹得动静很大，李言闻作为当地名医，被请去调查原因，李时珍全程陪同。在李言闻父子的帮助下，很快查明了死者的死因，只是结果让人感到无奈与惋惜。

原来，在几种古药书上，都把防葵和狼毒、黄精和钩吻当成是同一种药物的不同叫法。但实际上狼毒、钩吻都有极强的毒性，药房伙计按药方抓药时，将药材拿混，导致患者被毒死。

连续几起因为辨药不明而导致的悲剧让李时珍感慨万千，古医药书籍蕴含着丰富的知识和宝贵的经验，但也存在着不少问题。若不能尽早修正，医药界以讹传讹，轻则耽误治病，重则害人性命。

虽然李时珍有了想改变这一切的想法，但当时的他只是一名小小的学徒，对于行医之道也还处于学习中。因此，他只能将这个想法暂时压在心底，将更多的精力用在刻苦钻研上。

有了明确目标的李时珍倍加勤奋，不仅全身心投入到学习医术中，还积极主动地参与父亲的日常问诊。李时珍的聪慧加上对学医的热爱，他的医术不断精进，仅仅三年就已经小有成就。很多时候，干了半辈子的李言闻竟然也没有李时珍用药精准。

此时，李言闻对于李时珍放弃科举的事情已经彻底看开，儿子在医学方面青出于蓝让他倍感欣慰，他郑重地告诉儿子，可以出师了。就这样，年仅二十三岁的李时珍开始独立行医。

4 悬壶济世

请在6分钟内圈出4对相同的图案

李时珍像祖父一样，手持串铃，奔走街巷，开始了悬壶济世的"铃医"生涯。他诊费便宜，医术精湛，而且待人和善。就这样，他十年如一日行医治病，赚着微薄的收入。他的铃音犹如天籁，是对病人最大的安慰。三十三岁时，李时珍的名字已无人不晓，就连达官贵人也会专程去找他看病。

没过多久，富顺王朱厚焜找到李时珍，说他的孙子染上了一种怪病：每当点燃油灯、蜡烛时，这孩子闻到灯花的气味就哭闹着要吃。而且不爱吃蒸熟的饭，只爱吃生米。

王府的大夫弄不清是什么病，只能用"王孙中邪了"应付了事。长久不正常进食的王孙面黄肌瘦，朱厚焜非常心疼。这时有人告诉他，李时珍有妙手回春的本事，于是他特地登门求医。

李时珍跟着朱厚焜到王府后，经过一番简单的望闻问切，确定王孙患了"虫癖"。

这个病症并不难治，只是王孙年纪太小，对苦味的汤药很排斥。李时珍便将药炮制成小孩子喜欢吃的蜜丸。王孙服药后，爱吃灯花和生米的怪病很快就根除了。

　　朱厚焜大喜，当即拿出一大笔钱给李时珍作为酬劳。但李时珍笑着拒绝了，只取了给穷人看病相同数额的诊金。

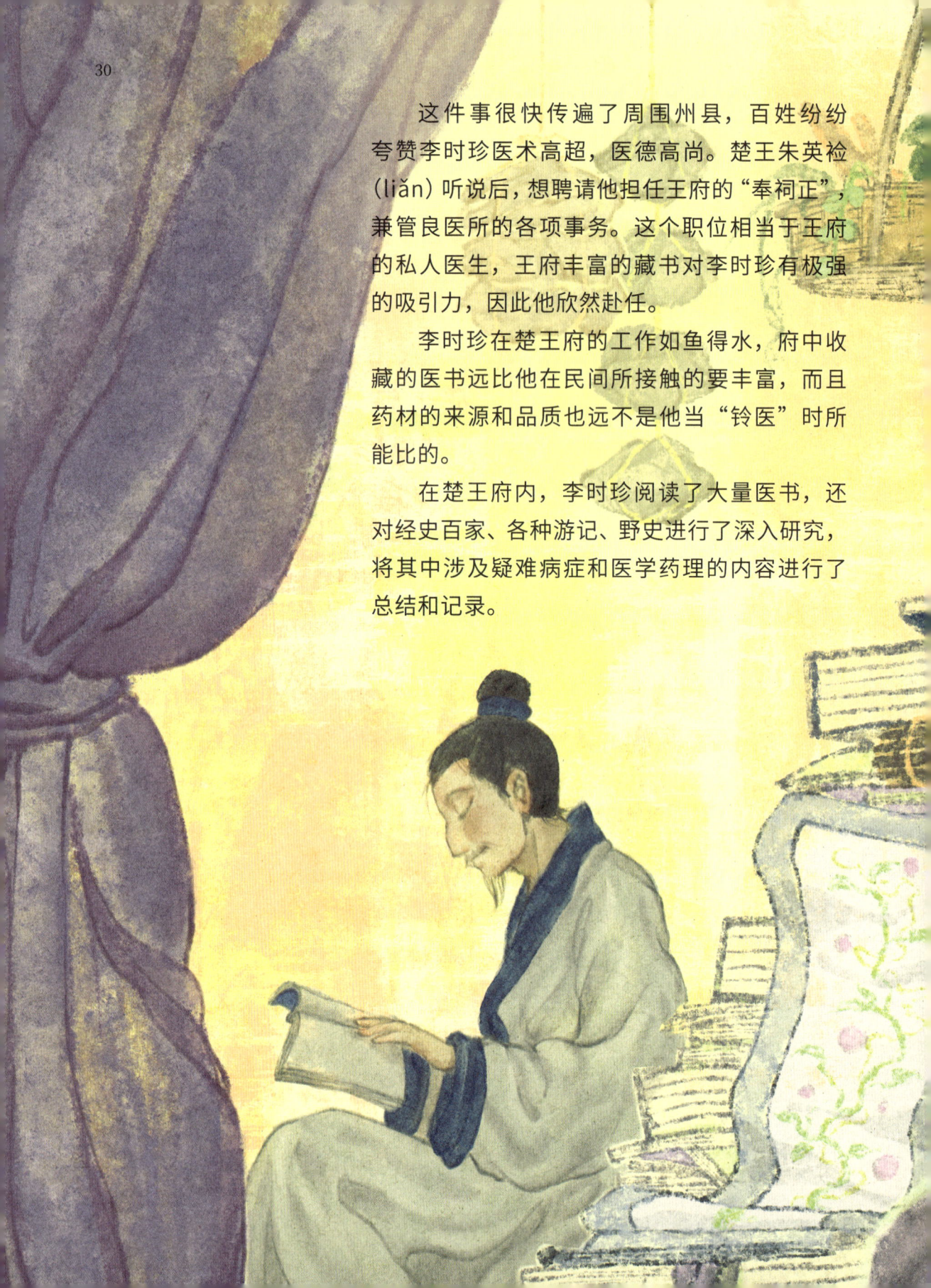

这件事很快传遍了周围州县，百姓纷纷夸赞李时珍医术高超，医德高尚。楚王朱英裣（liǎn）听说后，想聘请他担任王府的"奉祠正"，兼管良医所的各项事务。这个职位相当于王府的私人医生，王府丰富的藏书对李时珍有极强的吸引力，因此他欣然赴任。

李时珍在楚王府的工作如鱼得水，府中收藏的医书远比他在民间所接触的要丰富，而且药材的来源和品质也远不是他当"铃医"时所能比的。

在楚王府内，李时珍阅读了大量医书，还对经史百家、各种游记、野史进行了深入研究，将其中涉及疑难病症和医学药理的内容进行了总结和记录。

有了这些知识作为底气，李时珍多年前便想修正医书的想法又一次冒了出来——他要重新编撰一本更加精准、更加全面的医书。

楚王府的工作让李时珍有了更多医药知识的储备。比如，有一天，府中有人告诉李时珍，北方有种药物叫曼陀罗花，人吃了以后会手舞足蹈，严重的甚至会麻醉昏迷。李时珍为了印证传闻，直接前往北方。经过一番寻找，发现了早开夜合的曼陀罗花。李时珍亲身试药后，记下"割疮灸火，宜先服此，则不觉痛也"。这就是王府奉祠正职务给予李时珍最大的帮助。

在王府任职的五年多时间里，朱英裣见李时珍认真负责，又医术精湛，留在王府有些大材小用，于是推荐他到当地州府的太医院工作，任太医院判。

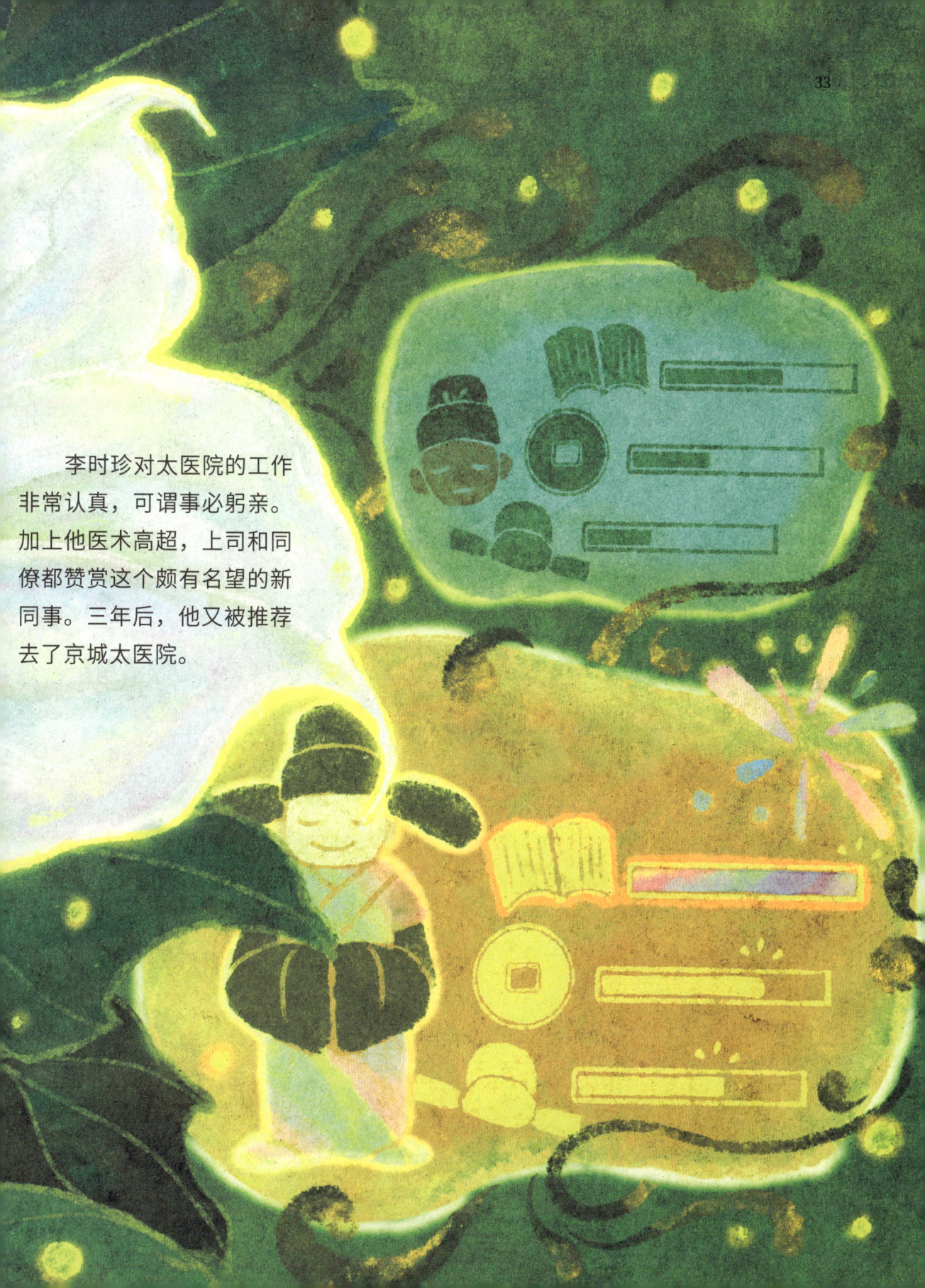

李时珍对太医院的工作非常认真，可谓事必躬亲。加上他医术高超，上司和同僚都赞赏这个颇有名望的新同事。三年后，他又被推荐去了京城太医院。

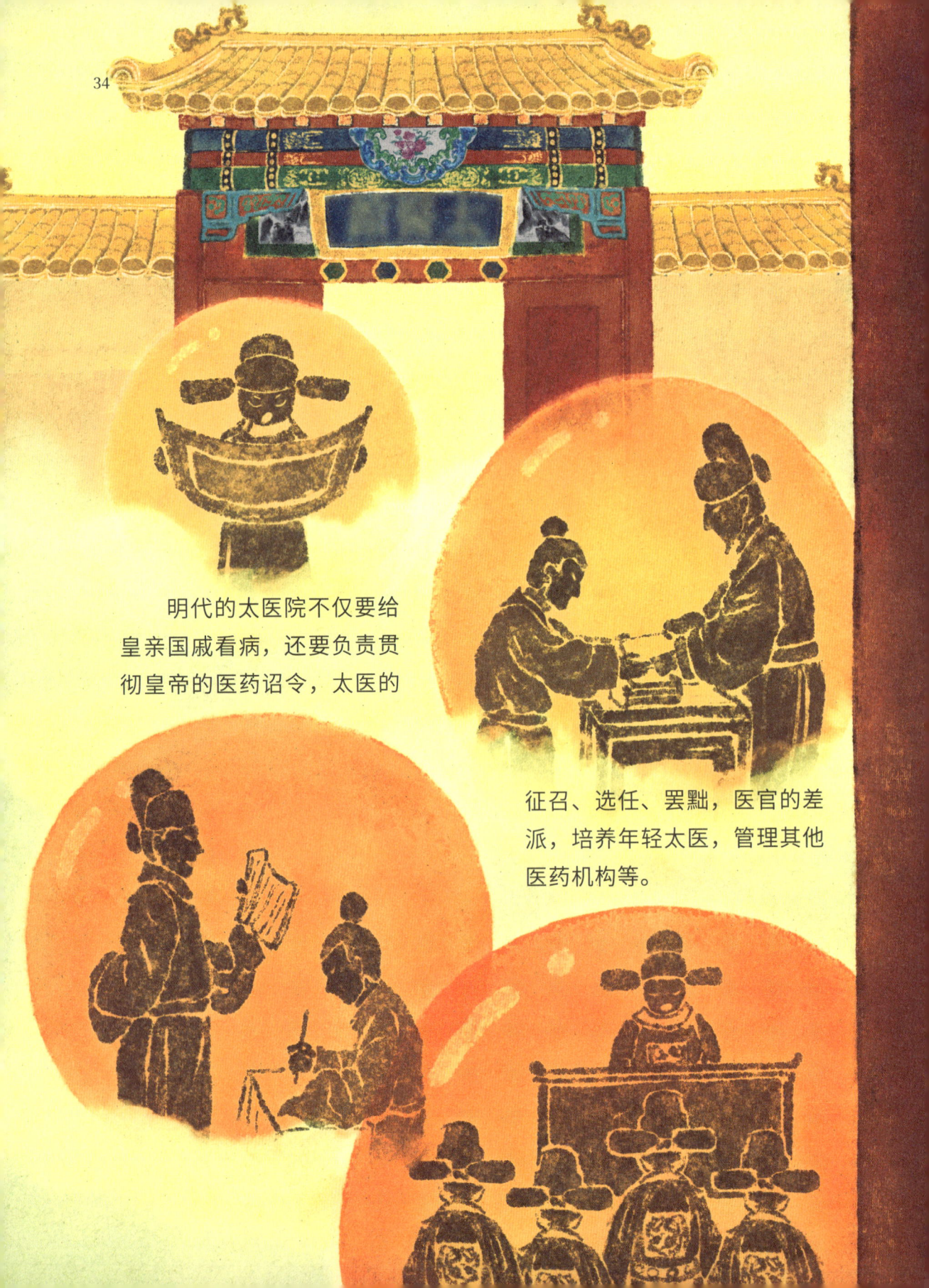

明代的太医院不仅要给皇亲国戚看病，还要负责贯彻皇帝的医药诏令，太医的征召、选任、罢黜，医官的差派，培养年轻太医，管理其他医药机构等。

京城太医院集合了全国各地的医疗典籍、古书孤本，药材的种类和数量远比楚王府丰富。这份工作对李时珍影响极大，同时也为他编写《本草纲目》提供了莫大的帮助。

那段时间，李时珍从事药材的研究，时常出入太医院的药房和御药库，认真仔细地比较、鉴别各地的药材，并搜集记录了大量的资料。同时，他阅读了大量皇家珍藏的典籍，包括《本草品汇精要》等民间难以接触到的书籍，大大开阔了眼界。

当时的嘉靖皇帝迷信修道成仙，祈求长生不老。方士们看准了皇帝的心思，为了投其所好开始大炼所谓的"不死仙丹"，甚至全国掀起了一股炼丹热潮，很多人因服用"仙丹"中毒甚至死亡。

李时珍知道那些方士炼制仙丹所用的大多是水银、铅、丹砂、硫磺之类含有毒素的物质，于是公开驳斥炼丹长寿之说，引来方士们的激烈反驳。加上他们有古籍背书，沉迷修仙的皇帝自然不会轻信李时珍的话，这更加坚定了李时珍写一部完善、准确典籍的决心。

李时珍虽然坚决反对炼制和服食"仙丹",但认为炼丹的方法也有可取之处。可以利用炼金术烧制外用药物,有毒的水银可以用来医治疮疥等病。

在京城太医院任职期间，李时珍将自己不曾读过的医书纵览一遍。他感觉到已经无法从死板的文字中获得任何助力了，而他所掌握的资料和知识距离成书还有一定的距离。一时之间，竟不知如何是好。

他的父亲李言闻得知后，写信劝导说："读万卷书固然需要，但行万里路更不可少。你应该走出去看看，见识更多的人和药。"

父亲的书信让李时珍豁然开朗，他决定听从父亲的建议，既要"搜罗百氏"，又要"采访四方"，深入实际进行调查。于是李时珍毅然辞官，放弃了京城太医院优渥的待遇，将所有的精力投入到新书的编写之中。

事实证明，父亲的建议是正确的。李时珍在回程的驿站遇见几位赶车的马夫，他们围着一口小锅，煮着一种李时珍不认识的野草。

李时珍好奇地上前询问，马夫告诉他，赶车人经年累月在外奔波，磕磕碰碰是难免的。根据口口相传的老方，只要将这种草药煮成汤饮服，就能舒筋活血加速伤口的愈合。他们把这种草药称为"鼓子花"或者"旋花"。李时珍立马将马夫的话记了下来，经过多次试验，于是有了"旋花有益气续筋之用"的记载。

5

游历书成

请在7分钟内圈出5对相同的图案

两年后，李时珍回到家乡。虽然他之前在太医院的俸禄不少，但大多用来收购罕见的药材了，并没攒下多少钱。李时珍决定坐堂行医，一来可以补贴家用，二来方便对药物进行试验和研究。于是，他用自己的字"东璧"作为堂号，创立了东璧堂。

东璧堂开业之后，李时珍一边为百姓诊病，一边将自己多年收集的各种医术草药资料整理成书。他"神医"的名号和曾为"太医"的身份吸引了很多患有疑难杂症的病人前来就诊。

明世宗嘉靖四十四年（公元 1565 年），李时珍终于将多年积累的文稿整理完毕，还需要亲身验证书上所述的一切。于是，李时珍犹如"神农尝百草"般游历天下，他的足迹遍及许多名山大川，弄清了很多困扰多年的疑难问题。

李时珍外出考察的过程中，留下许多为人诊病的传说。有一次经过湖口时，他看见一群人抬着棺材送葬，棺材的缝隙直往外流血。李时珍上前查看，见流出的血不是黑色黏稠的淤血，而是红色流动的鲜血。于是他拦住人群，说棺材内的人未死，需要开棺救治。众人面面相觑，不知所措。李时珍反复劝说，家属看他十分诚恳，答应开棺。
　　李时珍先对棺材内的大肚子妇人实施按摩，然后进行针灸治疗。不一会儿，妇人轻轻哼了一声，睁开了眼睛。原来，这名妇女因难产而假死，李时珍将妇女救醒后，为她顺利接了生。

传说，李时珍不仅可以将"死人救活"，还有"见活人而断其死"的本事。据说有一次，有家药房老板的儿子在外面大吃大喝一顿后，回家看见李时珍在自家药房，当即纵身翻越柜台，请李时珍诊脉。

李时珍拒绝了他的请求，并告诉他："你活不了三个时辰了，赶紧准备后事吧。"听了李时珍的话，在场众人都不信，药房老板和儿子更是大骂不止，认为他们家对李时珍以礼相待，可李时珍却诅咒他们。

但让所有人没想到的是，不到三个时辰，药房老板的儿子腹痛吐血而死。原来，他吃饭过饱，又加上纵身一跳，将肠子挣断了，这种内脏受损在当时是无法医治的。

在游历中，疑难杂症难不住李时珍，真正让他头痛的是那些混杂的医药书籍：很多古书的作者并没有医学和药物常识，只是根据传言随意编写，因此看起来玄之又玄。

还有很多本草书籍，虽然对一些草药作了反复解释，但是由于作者没有进行过深入调查，只是从不同的书本上抄来抄去，反而越解释越糊涂，导致很多内容自相矛盾，让人摸不着头脑。

找药材：远志

其中比较典型的是中草药"远志"，南北朝著名医药学家陶弘景说它是小草外形，看起来像麻黄，但颜色发青，开白花；而宋代的马志却认为它像植物"大青"。又比如"狗脊"，有的书中说它像萆薢（bì xiè），有的则说它像拔葜（qiā）……各种说法，毫不相干。导致很多郎中面对这些药材时，无从下手。

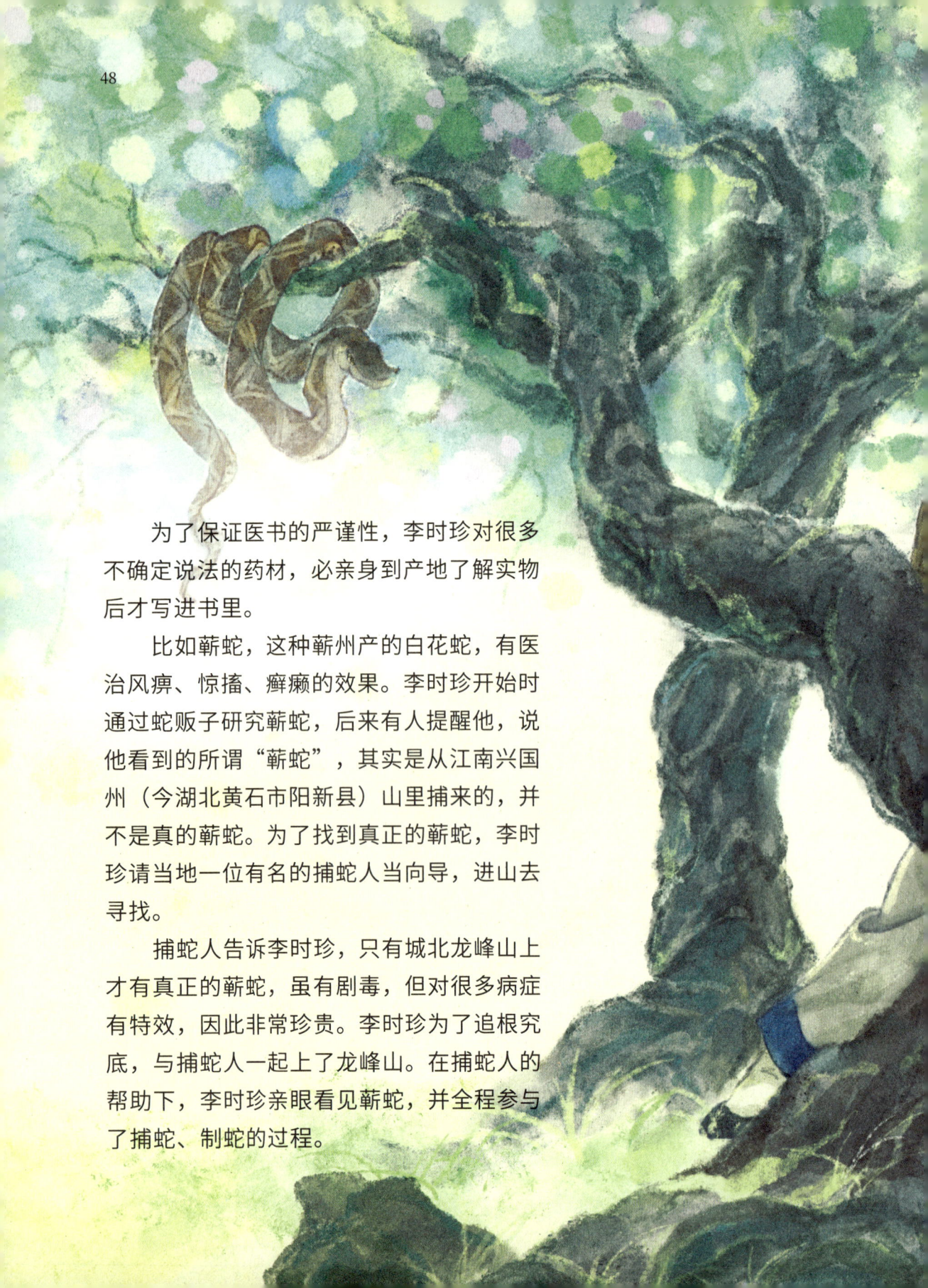

为了保证医书的严谨性，李时珍对很多不确定说法的药材，必亲身到产地了解实物后才写进书里。

比如蕲蛇，这种蕲州产的白花蛇，有医治风痹、惊搐、癣癞的效果。李时珍开始时通过蛇贩子研究蕲蛇，后来有人提醒他，说他看到的所谓"蕲蛇"，其实是从江南兴国州（今湖北黄石市阳新县）山里捕来的，并不是真的蕲蛇。为了找到真正的蕲蛇，李时珍请当地一位有名的捕蛇人当向导，进山去寻找。

捕蛇人告诉李时珍，只有城北龙峰山上才有真正的蕲蛇，虽有剧毒，但对很多病症有特效，因此非常珍贵。李时珍为了追根究底，与捕蛇人一起上了龙峰山。在捕蛇人的帮助下，李时珍亲眼看见蕲蛇，并全程参与了捕蛇、制蛇的过程。

与蕲蛇类似的还有鲮鲤（穿山甲）。穿山甲现在是国家一级保护动物，但在古时是常用的中药材。

陶弘景说，穿山甲水陆两栖，白天爬上岩石，张开身上的鳞甲装死，引诱蚂蚁钻进鳞甲里，然后闭上鳞甲，潜入水中，将鳞甲里的蚂蚁淹死后浮上水面，再吞食。

李时珍为了验证陶弘景的说法，在樵夫、猎人的帮助下，捉到一只穿山甲。李时珍证实穿山甲喜欢吃蚂蚁不虚，但它用锋利的爪子挖开蚁穴，进行舐食，不像陶弘景说的那样捕食蚂蚁。李时珍肯定了陶弘景正确的一面，也纠正了其错误之处。

经过二十七年的不懈努力，进行了三次大规模的修改，李时珍终于在明神宗万历六年（公元1578年）完成了《本草纲目》，这时他已经六十一岁。可以说李时珍将自己的大半生精力用在了编撰《本草纲目》上。

《本草纲目》的编著时间长，资料庞杂，单靠李时珍一人很难完善。其父亲、孩子及弟子们为他提供了诸如绘图、校对、填补内容等帮助，都为《本草纲目》作出了贡献。

这部旷世巨著多达 190 多万字，打破了自《神农本草经》以来，沿袭了一千多年的上、中、下三品分类法。《本草纲目》把药物分为水、火、土、金石等共 16 部，系统记述了各种药物的知识，有校正、释名，也有主治、附方等项。从内容上说，书中编入药物 1892 种，并附有药方一万多个，插图 1100 余幅。其规模之大，超越之前任何一部本草学著述。书中首创按药物自然属性逐级分类的纲目体系，是现代生物分类学的重要方法之一，比现代植物分类学创始人林奈的《自然系统》早了一个半世纪。

正误

气味

修治

释名

然而，李时珍有生之年并没有看到《本草纲目》的出版。明神宗万历二十一年（公元1593年），李时珍去世。同年，金陵胡承龙开始为《本草纲目》刻版。明神宗万历二十四年（公元1596年），《本草纲目》的完整版终于在金陵（今南京）正式印刷出版。

《本草纲目》对于之前很多难以分辨的药材和病症有着非常明确的分类和解释。这套书刚一面世，就引起了医药界的轰动，吸引无数郎中疯狂抢购。

发明

附方

本草纲目

666
恭喜通关！

李时珍借鉴了朱熹的《通鉴纲目》之名,为这部医书取名《本草纲目》。这部伟大的著作,吸收了历代本草著作的精华,尽可能纠正了以前的错误,弥补了缺憾,有很多重要发现和突破,是中国古代最系统、最完整、最科学的一部医药学典籍。

格物之通典

性理之精微

现存的《本草纲目》有很多版本，除了国外各种翻译版本外，国内大约有七十二种，基本可以分为"一祖三系"四类，即祖本（金陵本、摄元堂本）及江西本、钱本、张本。

祖本是指明神宗万历二十一年（公元1593年）金陵胡承龙的刻本，又被称为"金陵本"，是经过李氏家族校订过的原始刊本，极为珍罕。

江西本是明神宗万历三十一年（公元1603年）由夏良心和张鼎思制作的刻本。

钱本是明思宗崇祯十三年（公元1640年）由钱蔚起在杭州六有堂发行的刻本。清顺治十二年（公元1655年）吴毓昌在太和堂印刷的版本，以及乾隆时期的《四库全书》都是根据这个版本抄录的。

张本是清德宗光绪十一年（公元1885年）由张绍棠在南京味古斋所制作的刻本，文字参考了江西本、钱本，药材图案改绘后又增加十多幅，并增加了《本草纲目拾遗》。

1957年，人民卫生出版社所印刷的《本草纲目》就是根据张本影印的。

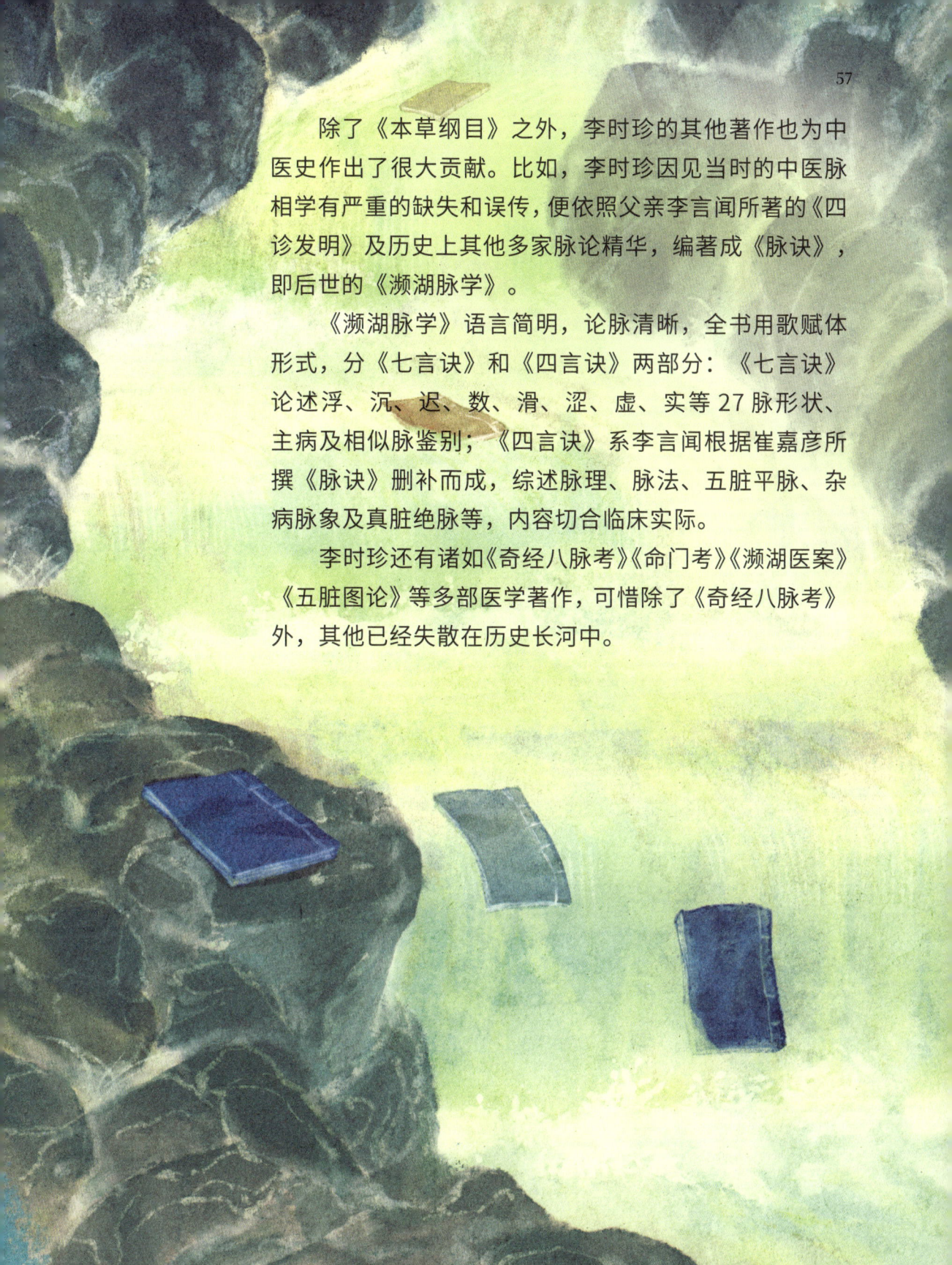

除了《本草纲目》之外，李时珍的其他著作也为中医史作出了很大贡献。比如，李时珍因见当时的中医脉相学有严重的缺失和误传，便依照父亲李言闻所著的《四诊发明》及历史上其他多家脉论精华，编著成《脉诀》，即后世的《濒湖脉学》。

《濒湖脉学》语言简明，论脉清晰，全书用歌赋体形式，分《七言诀》和《四言诀》两部分：《七言诀》论述浮、沉、迟、数、滑、涩、虚、实等27脉形状、主病及相似脉鉴别；《四言诀》系李言闻根据崔嘉彦所撰《脉诀》删补而成，综述脉理、脉法、五脏平脉、杂病脉象及真脏绝脉等，内容切合临床实际。

李时珍还有诸如《奇经八脉考》《命门考》《濒湖医案》《五脏图论》等多部医学著作，可惜除了《奇经八脉考》外，其他已经失散在历史长河中。

李时珍还对各种草药的具体药用部位进行了准确记录，比如枸杞这种现代人都很熟悉的药材，在过去的记录中非常含糊。

《本草经》只记载了枸杞这个名字，并没有说明药用的部位。

《名医别录》则指出枸杞的根大寒，果实微寒，并没有说具体药效。

《本草衍义》说枸杞的药用部位是树茎上的皮。

《药性论》中则说枸杞甘甜平和，果实和叶子都一样。

李时珍没有完全相信前人的记载，而是根据多次的实验和观察，最后总结说："窃谓枸杞：苗、叶，味苦甘而气凉；根，味淡气寒；子，味甘气平，气味既殊，则功用当别。此后人发前人未到之处也"。

虽然李时珍对后世中医学的发展和完善有着不可磨灭的贡献，但由于当时的社会背景和科学发展限制，《本草纲目》中也有一些缺乏科学验证的药方。

有些诸如"玄学"之意的药方，现代有医学常识的人都知道不会有效。这也是有些现代人抨击李时珍、甚至抨击中医的原因之一。

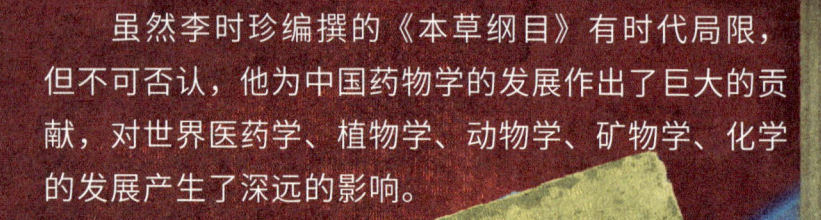

虽然李时珍编撰的《本草纲目》有时代局限，但不可否认，他为中国药物学的发展作出了巨大的贡献，对世界医药学、植物学、动物学、矿物学、化学的发展产生了深远的影响。

《本草纲目》曾先后被译成日、法、德、英、拉丁、俄、朝鲜等十余种文字在国外出版，被誉为"东方医药巨典"。金陵版《本草纲目》于2011年5月入选了世界记忆名录。"东方医学巨典"的赞誉，《本草纲目》当之无愧。

1952年，莫斯科大学新建的校舍大礼堂走廊上，计划镶嵌世界各国大科学家的大理石浮雕像作为装饰。李时珍是时任中国科学院院长郭沫若所推荐的两位人选之一，并且最终获得校方通过。

李时珍严谨的治学态度，被传颂至今。他研究每味药，总是先参考诸家本草典籍，找出其中异同，再亲自观察试验，加以参证，"发前人未到之处"，这就是他做研究的精神。

医者仁心。李时珍的一生，对这四个字作出了最好的诠释。